كتابي العربي الأول للأطفال

An English-Arabic Children Book

My First
ARABIC
Book

By: Peony Somoza

Numbers

الأرقام
Al-Arqām

ONE
واحد
Wāḥid

TWO
اثنان
Ithnān

Numbers

الأرقام
Al-Arqām

3

THREE
ثلاثة
Thalātha

4

FOUR
أربعة
Arba'a

Numbers

الأرقام
al-Arqām

5
FIVE
خمسة
Khamsa

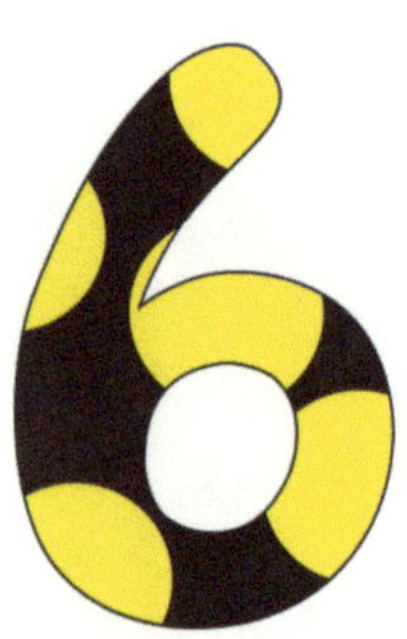

6
SIX
ستة
Sitta

Numbers

الأرقام
al-Arqām

7

SEVEN
سبعة
Sabʿa

8

EIGHT
ثمانية
Thamāniya

Numbers

الأرقام

al-Arqām

NINE

تسعة

Tis'a

TEN

عشرة

Ashara

Colors
الألوان
al-Alwan

RED

أحمر

Aḥmar

Colors
الألوان
al-Alwan

PURPLE بنفسجي
Banfsajiyy

Colors
الألوان
al-Alwan

YELLOW
أصفر
Aşfar

Colors

الألوان

al-Alwan

BLUE

أزرق

Azraq

Colors

Colors
الألوان
al-Alwan

GREEN

أخضر
Akhḍar

Colors
الألوان
al-Alwan

BLACK
أسود
Aswad

BROWN بني

Bunniyy

Shapes

الأشكال الهندسية
al-Ashkāl Al-Handasiyya

RECTANGLE
مستطيل Mustaṭīl

TRIANGLE
مثلث Muthallath

CIRCLE
دائرة Dāʾira

SQUARE
مربع Murabbaʿ

Shapes

الأشكال الهندسية

al-Ashkāl Al-Handasiyya

HEART

شكل قلب

Shakl Qalb

HEXAGON

شكل سداسي

Shakl Sudāsī

STAR

شكل نجمة

Shakl Najma

OVAL

بيضاوي

Bayḍāwī

BEDROOM

غرفة النوم

Ghurfat an-Nawm

Parts of the House

KITCHEN

المطبخ

al-Maṭbakh

Parts of the House

أجزاء المنزل
al-Ashkāl Al-Handasiyya

BATHROOM

الحمام
al-Ḥammām

Parts of the House

أجزاء المنزل

al-Ashkāl Al-Handasiyya

LIVING ROOM

غرفة المعيشة

Ghorfat al-Maʿīsha

Parts of the House

أَجزاء المنزل

al-Ashkāl Al-Handasiyya

DINING ROOM

غرفة الطعام

Ghorfat aṭ-Ṭaʿām

Parts of the House

GARDEN

الحديقة

al-Ḥadīqa

الأشياء
al-Ashyā'

BLANKET
بطانية
Paṭṭāniyya

LAMP
مصباح
Miṣbāḥ

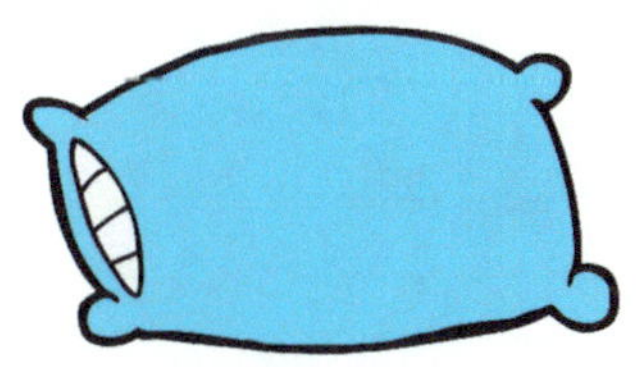

PILLOW
وسادة
Wisāda

TOWEL
منشفة
Minshafa

Things

الأَشياء

al-Ashyāʾ

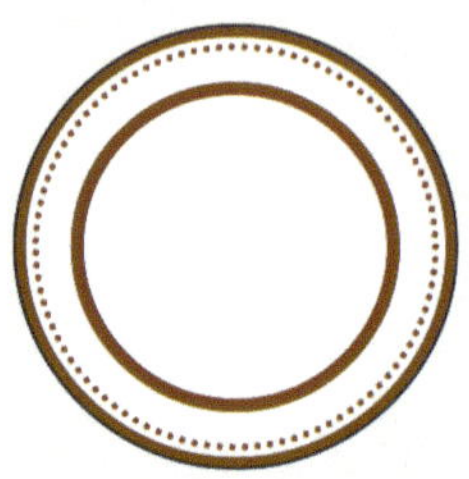

PLATE

طبق

Ṭabaq

CUP

كوب

Kūb

SPOON

ملعقة

Milʿaqa

FORK

شوكة

Shawka

Things
الأشياء
al-Ashyāʾ

HOUSE
منزل
Manzil

FLAG
راية
Rāya

THE QURAN
القرآن الكريم
al-Qurʾān al-Karīm

Things

الأُشياء

al-Ashyāʾ

CLOCK

ساعة حائط

Sāʿatu Ḥāʾiṭ

BOOK

كتاب

Kitāb

WINDOW

نافذة

Nāfidha

CALENDAR

تقويم

Taqwīm

FAN
مروحة
Mirwaḥa

PEN
قلم
Qalam

BROOM
مكنسة
Miknasa

COOKING POT
قدر الطهي
Qidr aṭ-Ṭahiy

Things

الأشياء
al-Ashyāʾ

MONEY

نقود

Nuqūd

DOOR

باب

Bāb

COMB

مشط

Mishṭ

BELL

جرس

Jaras

Things
الأشياء
al-Ashyāʾ

FLOWER
وردة- زهرة
Warda - Zahra

CHAIR
كرسي
Kursiyy

TOY
لعبة
Luʻba

BALL
كرة
Kura

MOSQUE

مسجد

Masjid

Places
الأماكن
al-Amākin

SCHOOL
مدرسة
Madrasa

HOSPITAL
مستشفى
Mustashfa

Places
الأماكن
al-Amākin

BEACH
شاطيء
Shāṭiʾ

LIBRARY
مكتبة
Maktaba

Places
الأماكن
al-Amākin

AIRPORT

مطار
Maṭār

Vehicles
المركبات
al-Markabāt

BUS
حافلة
Ḥāfila

AIRPLANE
طائرة
Ṭāʾira

Vehicles
المركبات
al-Markabāt

TRAIN
قطار
Qiṭār

BICYCLE
دراجة
Darrāja

Vehicles

المركبات

al-Markabāt

HELICOPTER

طائرة مروحية

Ṭāʾira Mirwaḥiyya

BOAT

قارب

Qārib

SUBWAY TRAIN

مترو الأنفاق

Mitrū al-Anfāq

CAR

سيارة

Siyyāra

Animals
الحيوانات
al-Markabāt

BUTTERFLY
فراشة
Farāsha

COW
بقرة
Baqara

Animals
الحيوانات
al-Markabāt

HORSE
حصان
Ḥisān

LION
أسد
Asad

Animals

الحيوانات

al-Markabāt

BEE

نحلة

Naḥla

SQUIRREL

سنجاب

Sinjāb

Animals

الحيوانات

al-Markabāt

FISH

سمكة

Samaka

TURTLE

سلحفاة

Sulaḥfāt

Animals

CAT

قطة

Qiṭṭa

DOG

كلب

Kalb

Vegetables

الخضراوات

al-Khadrāwāt

PUMPKIN

يقطين – قرع

Yaqtīn

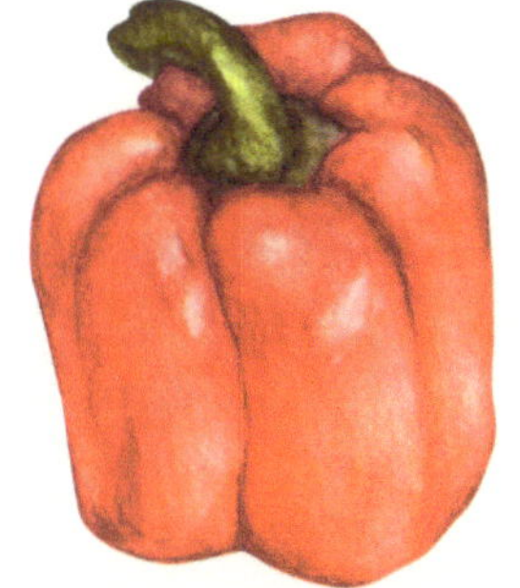

BELL PEPPER

فليفلة حلوة

Fulayfila Ḥulwa

SPINACH

سبانخ

Sabānikh

POTATOES

بطاطا

Paṭāṭā

Vegetables

الخضراوات

al-Khadrāwāt

AUBERGINE

باذنجان

Badhinjān

TOMATO

طماطم

Ṭamāṭim

CABBAGE

كرنب

Kurumb

CARROTS

جزر

Jazar

Food

الطعام

aṭ-Ṭaʿām

SAUSAGE

سجق

Sujuqq

CEREALS

حبوب الإفطار

Ḥubūb al-Ifṭār

HONEY

عسل

ʿAsal

SALAD

سلاطة

Salaṭa

Food
الطعام
aṭ-Ṭaʿām

BISCUITS
بسكويت
Biskwīt

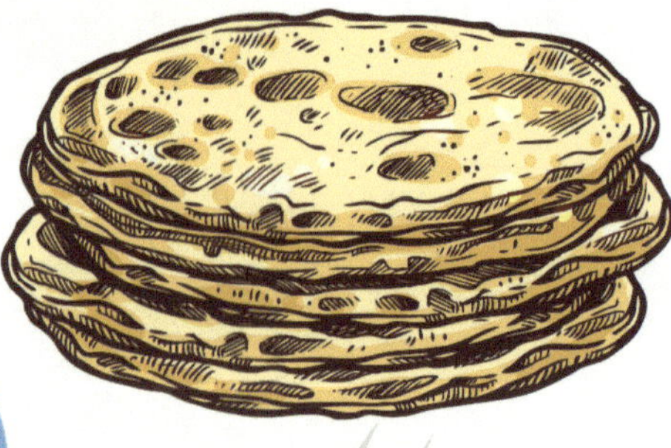

BREAD
خبز
Khubz

MILK
حليب
Ḥalīb

SOUP
حساء
Ḥasāʾ

Food
الطعام
aṭ-Ṭaʿām

EGG
بيض
Bayḍ

CHEESE
جبن
Jubn

RICE
أرز
Aruzz – Urz

PASTA
معكرونة
Makarūna

Activities
الأنشطة
al-Anshiṭa

EATING
الأكل
al-Akl

STUDYING
الدراسة
ad-Dirāsa

Activities

الأنشطة

al-Anshiṭa

HANDWASHING

غسل اليدين

Ghasl al-Yadayn

PRAYING

الصلاة

aṣ-Ṣalāt

Activities
الأنشطة
al-Anshiṭa

BRUSHING TEETH
تفريش الأسنان
Tafrīsh al-Asnān

SLEEPING
النوم
an-Nawm

Body Parts
أجزاء الجسم
Ajzā'al-Jism

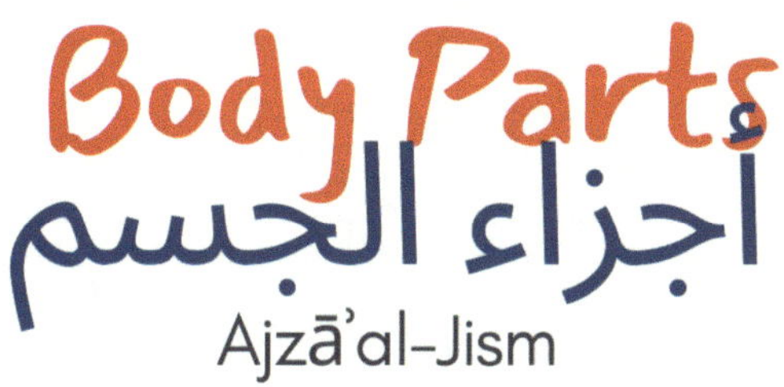

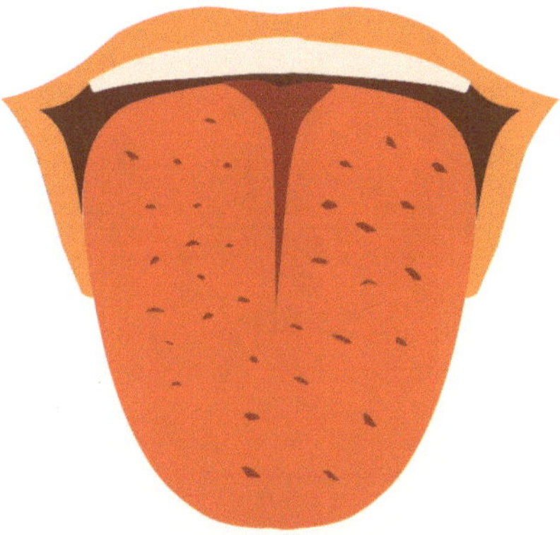

TONGUE
لسان
Lisān

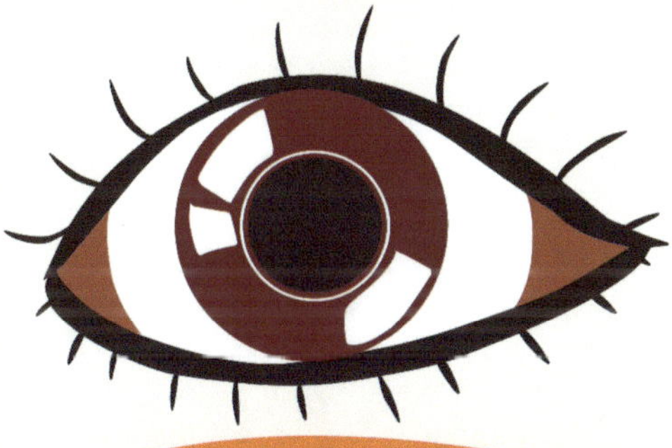

EYE
عين
'Ayn

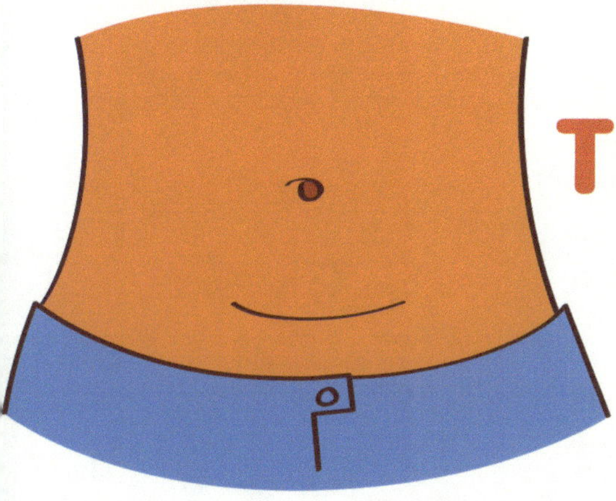

TUMMY
بطن
Paṭn

Body Parts

أجزاء الجسم

Ajzā'al-Jism

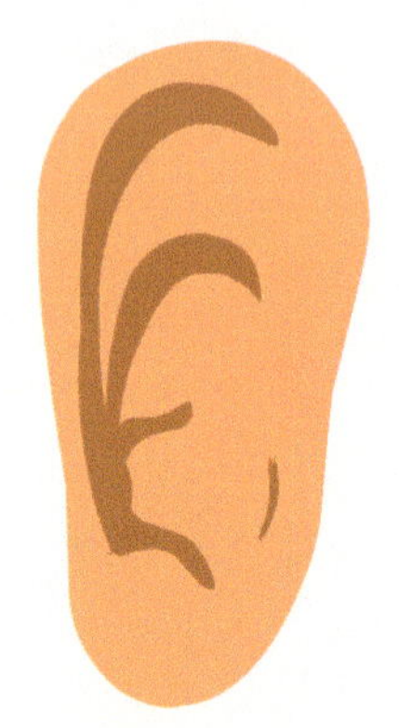

EAR

أذن

Udhun

NOSE

أنف

Anf

ELBOW

مرفق

Mirfaq

LIPS
شفتان
Shafatān

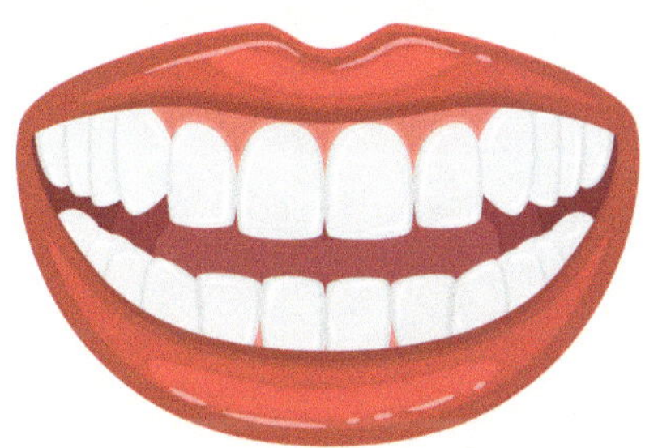

TEETH
أسنان
Asnān

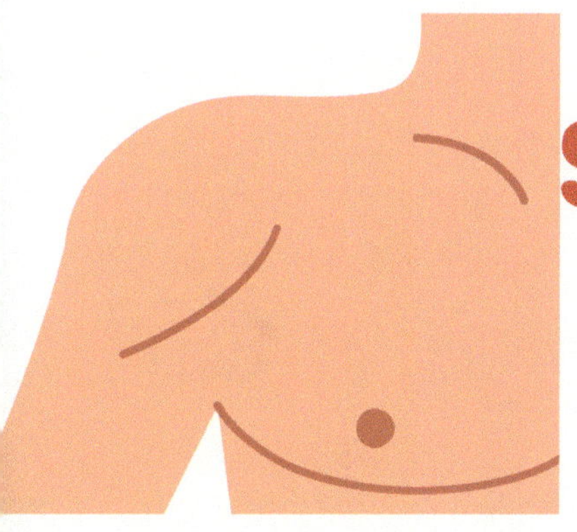

SHOULDER
كتف
Katif

Body Parts
أجزاء الجسم
Ajzāʾal-Jism

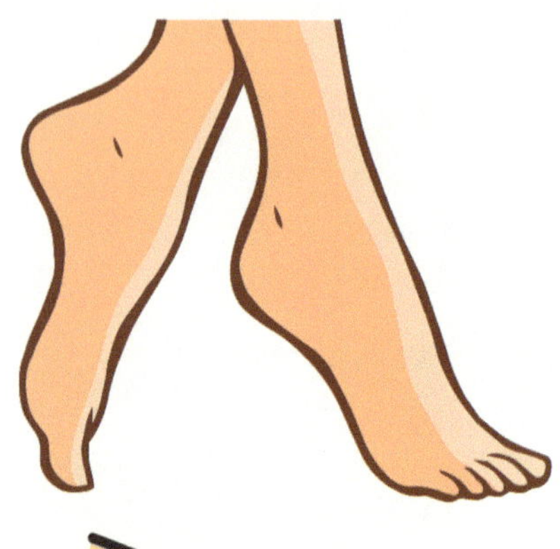

FEET
قدم
Qadam

KNEE
ركبة
Rukba

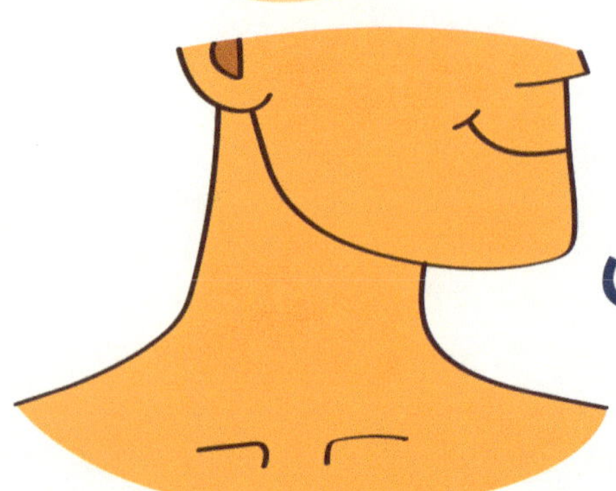

NECK
رقبة- عنق
ʾUnuq- Raqaba

Body Parts
أجزاء الجسم
Ajzā'al-Jism

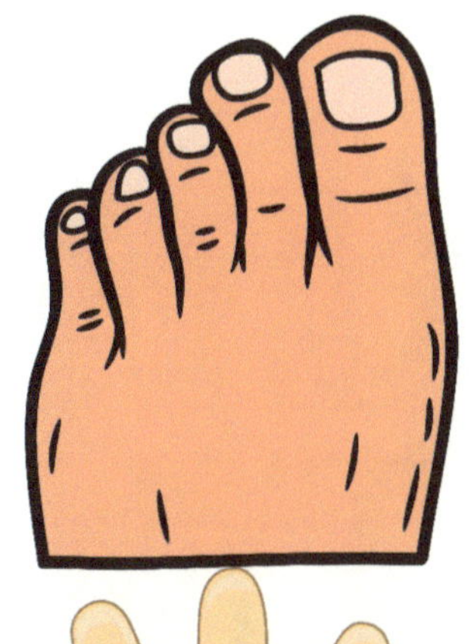

NAILS
أظافر
Aẓāfir

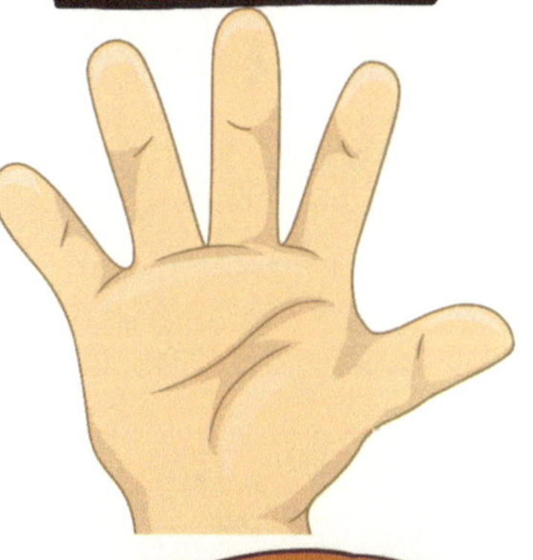

HAND
يد
Yad

HAIR
شعر
Sh'ar

Emotions
المشاعر
al-Mashāʿir

HAPPY
سعيد
Saʿīd

FUNNY/SILLY
ظريف
Ẓarīf

SAD
حزين
Ḥazīn

MAD
غاضب
Ghāḍib

My Family

عائلتي

ʿĀʾilatī

MOTHER

Ummī

أمي

FATHER

Abī

أبي

My Family
عائلتي
ʿĀʾilatī

SISTER
Ukhtī
أختي

BROTHER
Akhī
أخي

BABY
طفل
Ṭifl

COUSINS
أولاد العم- أولاد الخال
Awlād al-ʿAm – Awlād al-Khāl

My Family

عائلتي
ʿĀʾilatī

AUNT

العمة – الخالة
al-ʿAma – al-Khāla

UNCLE

العم – الخال
al-ʿAm – al-Khāl

My Family

عائلتي
ʿĀʾilatī

Weather
الطقس
aṭ-Ṭaqs

SUNNY
مشمس
Mushmis

RAINY
ممطر
Mumtir

Weather

الطقس

aṭ-Ṭaqs

TORNADO

إعصار

l'eṣār

RAINBOW

قوس قزح – ألوان الطيف

Qaws Quzaḥ – Alwān aṭ-Ṭayf

Weather
الطقس
aṭ-Ṭaqs

LIGHTNING
البرق
al-Barq

SHOOTING STAR
الشهب
ash-Shuhub

Weather

الطقس

aṭ-Ṭaqs

WINDY

عاصف

ʿĀṣif

CLOUDY

غائم

Ghāʾim

Clothes

الملابس
al-Malābis

SHIRT

قميص
Qamīṣ

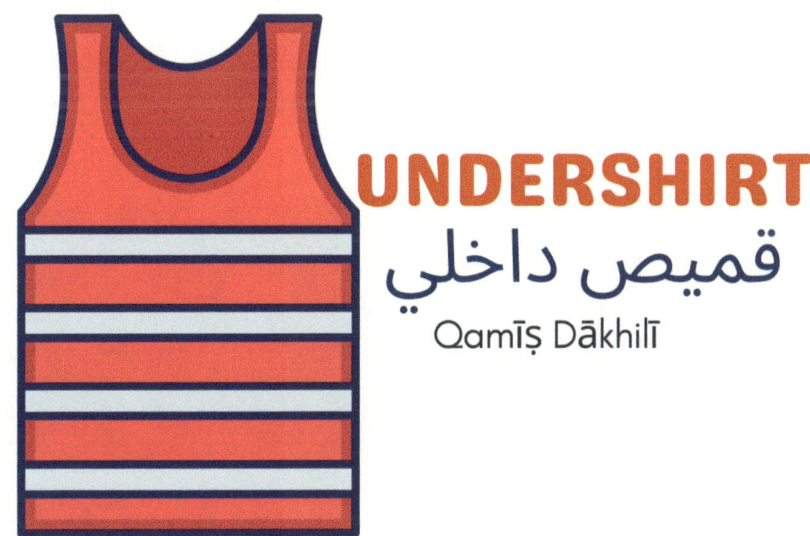

UNDERSHIRT

قميص داخلي
Qamīṣ Dākhilī

Clothes
الملابس
al-Malābis

ABAYA
العباءة
al-ʿAbāʾa

PAJAMA
بيجاما
Bijāmā

Clothes

الملابس
al-Malābis

SOCKS
جوارب
Jawārib

TROUSERS
بنطال
Bintāl

Clothes
الملابس
al-Malābis

SHORTS
بنطال قصير
Bintāl Qasīr

SKIRT
تنورة
Tannūra

Common Greetings

التّحيات والمعاملات

at-Taḥiyyāt Wa al-Muʿāmlāt

GOOD MORNING

صباح الخير

Ṣabāḥ al-khayr

THANK YOU

شكرًا لك

Shukran Lak

PLEASE

من فضلك - أرجوك

Min Faḍlak - Arjūk

Common Greetings

التحيات والمعاملات

at-Taḥiyyāt Wa al-Muʿāmlāt

HI/HELLO

مرحبًا

Marḥaba

I LOVE YOU

أحبك

Uḥibbuk

I AM SORRY

أنا آسف

Anā Āsif